MUCHOS sentimientos

SHELLEY ROTNER

Millbrook Press • Mineápolis

I0893053

A mi editora, Jean Reynolds,
que siempre me hace sentir valorada como autora y fotógrafa.

Traducción al español: copyright © 2024 por Lerner Publishing Group, Inc.
Título original: *Lots of Feelings*
La traducción al español fue realizada por Zab Translation.

Derecho de autor © 2003 del texto por Shelley Rotner
Derecho de autor © 2003 de las imágenes por Shelley Rotner

Todos los derechos reservados. Derechos de autor internacionales asegurados. Prohibida la reproducción, almacenamiento en un sistema de recuperación o la transmisión de cualquier forma y por cualquier medio (electrónico, mecánico, fotocopias, grabaciones y otros) de cualquier parte de este libro sin la autorización escrita previa de Lerner Publishing Group, Inc., excepto por la inclusión de citas breves en una reseña reconocida.

Millbrook Press™
Una impresión de Lerner Publishing Group, Inc.
241 First Avenue North
Mineápolis, Minnesota 55401 EE. UU.

Para consultar los niveles de lectura y más información, busque este título en www.lernerbooks.com.

Diseñado por Michael Nelson.
Fuente del texto del cuerpo principal: Trade Gothic LT Std.
Fuente proporcionada por Adobe Systems.

LIBRARY OF CONGRESS CATALOGING-IN-PUBLICATION DATA

Names: Rotner, Shelley, author.
Title: Muchos sentimientos / Shelley Rotner.
Other titles: Lots of feelings. Spanish
Description: Mineápolis : Millbrook Press, [2024] | "Título original: Lots of Feelings"—Title page verso. | Audience: Ages 5–9 | Audience: Grades 2–3 | Summary: "In this expressive photo-essay, simple text and photographs introduce basic emotions—happy, grumpy, thoughtful, and more—and how people express them. Now in Spanish."—Provided by publisher.
Identifiers: LCCN 2023020717 (print) | LCCN 2023020718 (ebook) | ISBN 9798765625484 (paperback) | ISBN 9798765625507 (epub)
Subjects: LCSH: Emotions in children—Juvenile literature.
Classification: LCC BF723.E6 R6813 2003 (print) | LCC BF723.E6 (ebook) | DDC 155.4/124—dc23/eng/20230602

LC record available at https://lccn.loc.gov/2023020717
LC ebook record available at https://lccn.loc.gov/2023020718

Fabricado en Estados Unidos de América
2-1013972-51867-2/24/2026

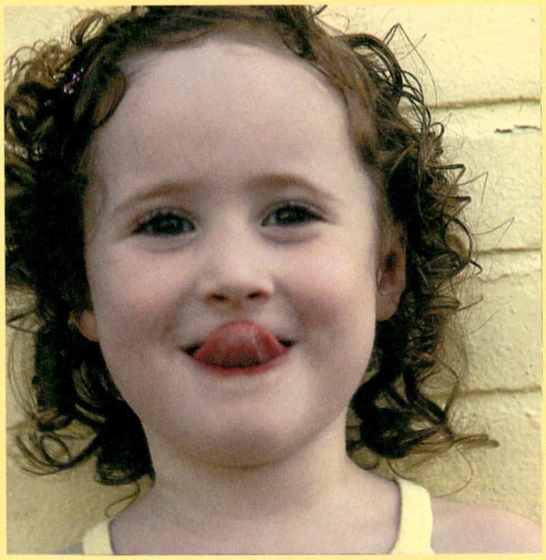

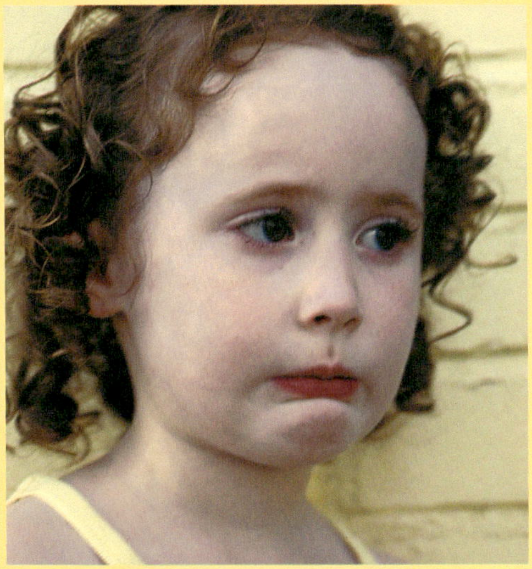

Tenemos
muchos
sentimientos.

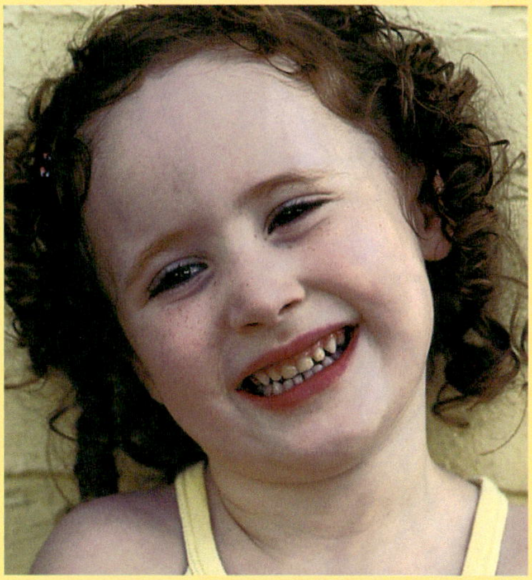

Algunas veces sentimos **felicidad,**

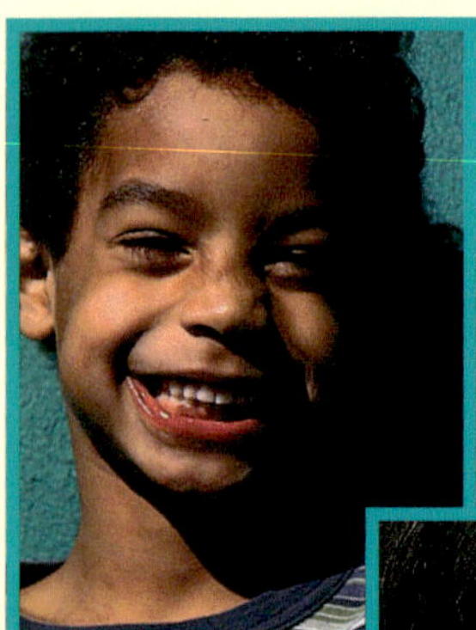

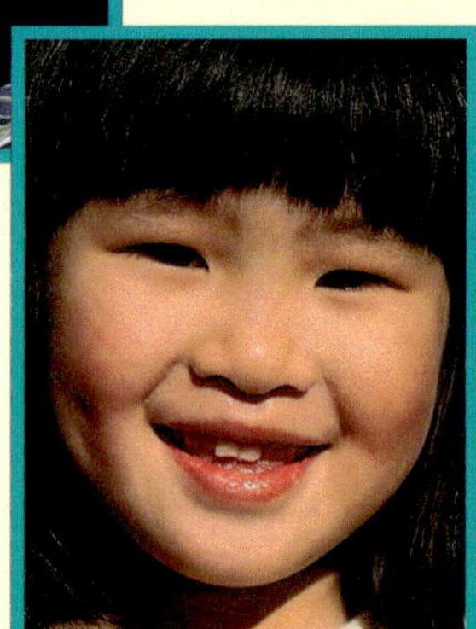

algunas
veces
tristeza.

Algunas
veces
tenemos
malhumor,

otras veces
entusiasmo.

A veces, sentimos timidez

y otras
veces
orgullo.

Sentimos **enojo** a veces

y **cariño** en
otros momentos.

Algunas cosas nos sorprenden.

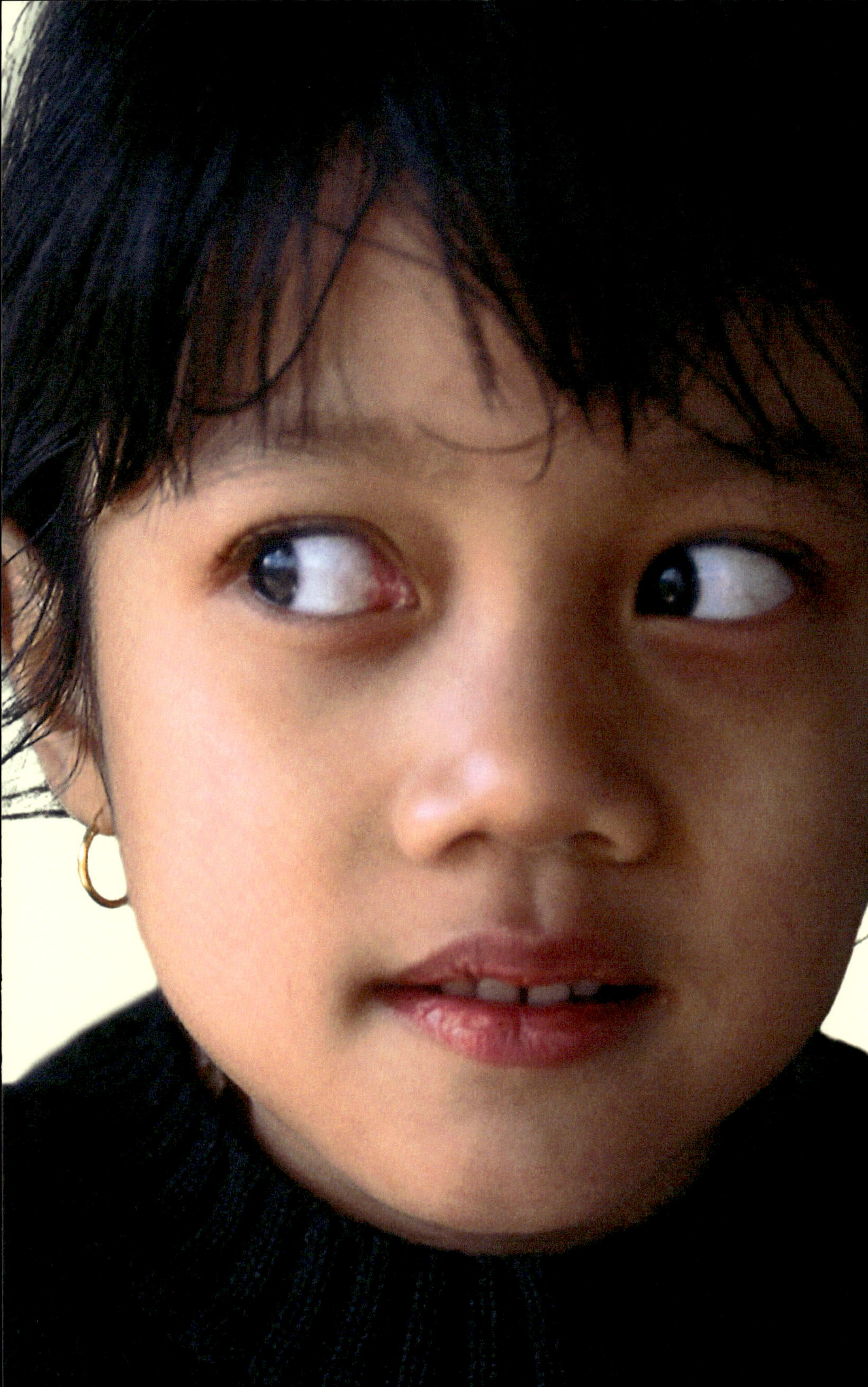

Otras cosas nos dan **miedo.**

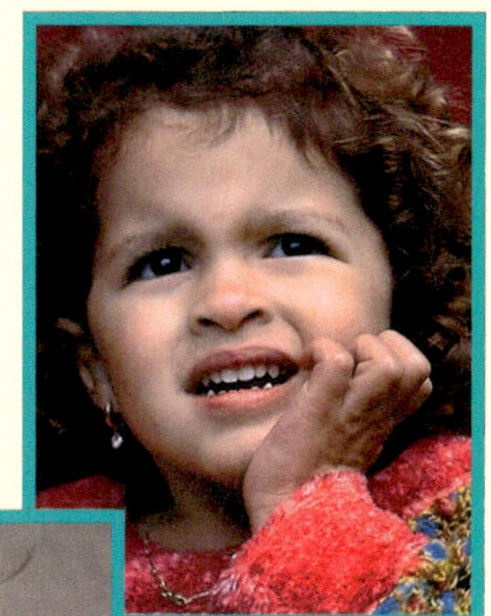

Hay ocasiones en las que **cavilamos**

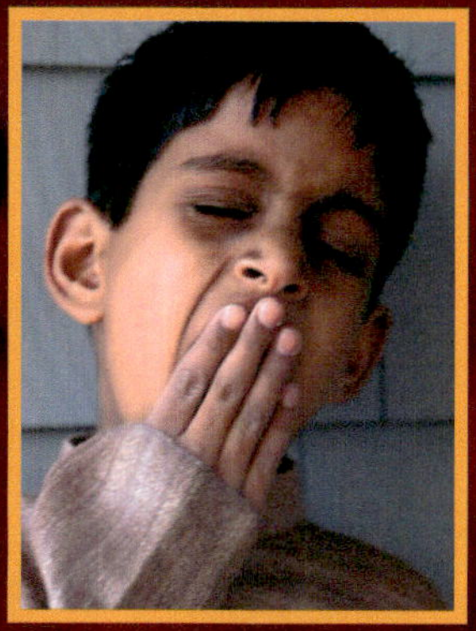

y ocasiones en las que sentimos **sueño.**

En diferentes momentos expresamos **seriedad...**

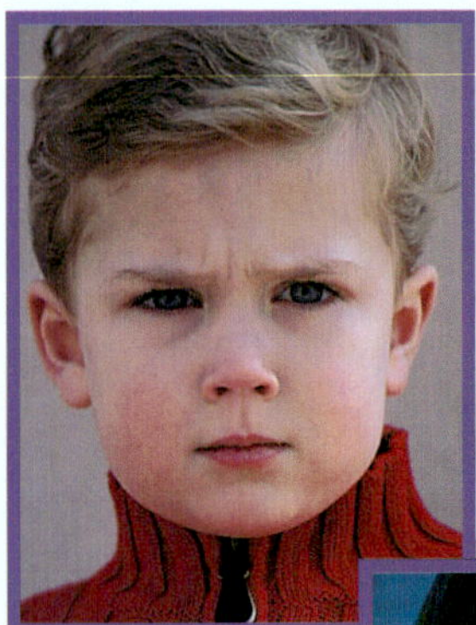

o diversión...

curiosidad...

o confusión.

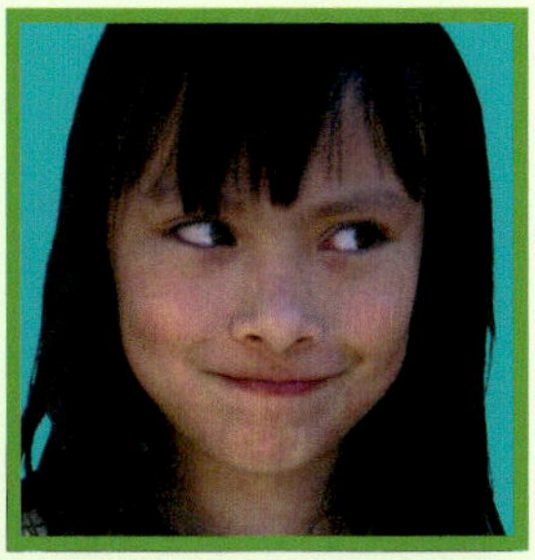

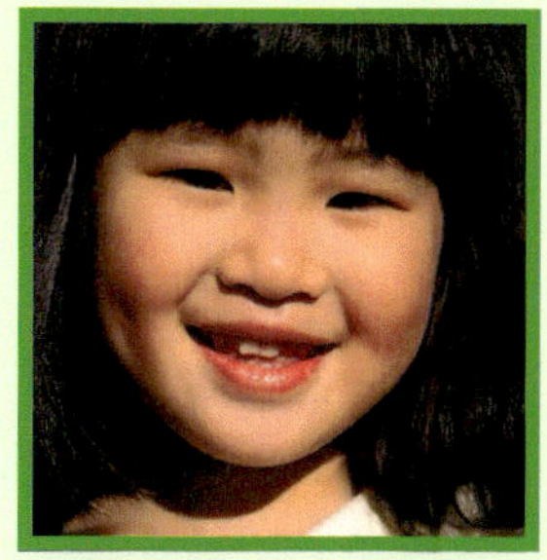

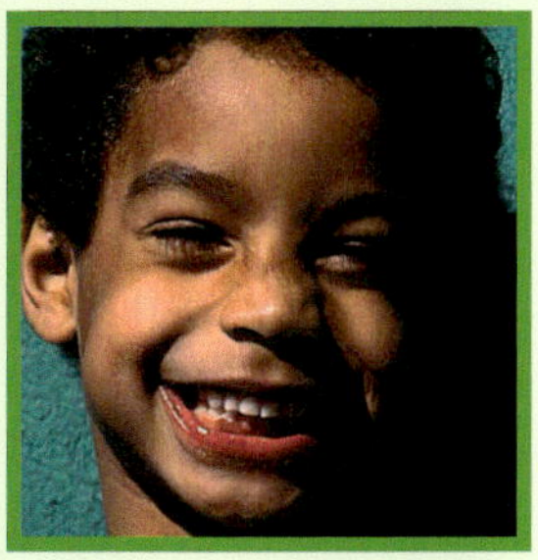

Todo el mundo tiene muchos **sentimientos.**

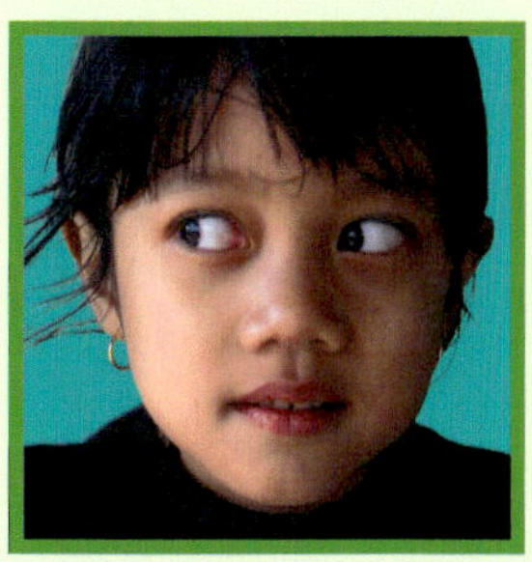

¿Y tú?

NOTA PARA PADRES Y DOCENTES

Muchos sentimientos es un libro para ayudar a los niños a ser más conscientes de sus sentimientos. Cuando aprenden a expresar las emociones de manera apropiada, pueden comprenderse mejor y comunicar lo que sienten a los demás. Padres y docentes pueden usar este libro para ayudarse a generar conversaciones que faciliten este proceso de aprendizaje.

Algunas veces, no sabemos exactamente cómo nos sentimos o nuestra cara no refleja cómo nos sentimos en realidad interiormente. Aun así, la manera en la que nos expresamos es la manera en la que los demás nos ven. Esta es una oportunidad para que las personas adultas se tomen el tiempo de escuchar cómo se sienten los niños y guiarlos para que se expresen de forma adecuada, así pueden ser escuchados y comprendidos. Las diferentes caras que aparecen en el libro pueden usarse como un medio para identificar las emociones.

Padres y docentes pueden usar preguntas como las siguientes para analizar los sentimientos: "¿Qué crees que está sintiendo este niño/niña?" "¿Alguna vez sentiste lo mismo?" "¿Qué puede haber hecho que se sienta de esa manera?" "¿Qué te parece que diría?" Otra manera de ayudar a los niños a practicar formas de expresión es el juego de roles. Los niños pueden actuar un sentimiento por turnos y su familia o amigos pueden responder.

Cuanto más comprendamos nuestros propios sentimientos, más podremos entender a los demás. Aprender a comprender el valor de expresar sus sentimientos adecuadamente es una habilidad importante para la vida para los niños pequeños y un elemento clave en el desarrollo de buenas habilidades de comunicación.

Shelley Rotner